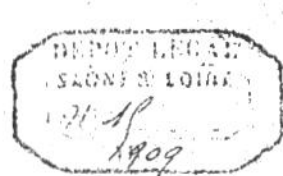

LE MARIAGE

HONNI PAR

DESPORTES

LOUANGÉ PAR

BLANCHON, LE GAYGNARD,
ROUSPEAU

TEXTE DE 1573, 1583, 1585, 1586

LE MARIAGE

HONNI PAR

DESPORTES

LOUANGÉ PAR

BLANCHON, LE GAYGNARD,
ROUSPEAU

TEXTE DE 1573, 1583, 1585, 1586

Achevé d'imprimer
le xxiiiie jour de Novembre
L'AN M DCCCC VIII

PAR

PROTAT FRÈRES, A MACON

POUR

Hugues VAGANAY

et tiré à 125 exemplaires
sur Alliance Handmade paper

N°

STANCES DU MARIAGE

PAR

PHILIPPES DES PORTES

1573

I

De toutes les fureurs dont nous sommes pressez,
De tout ce que les cieux ardemment courroussez
Peuvent darder sur nous de tonnerre et d'orage,
D'angoisseuses langueurs, de meurtre ensanglanté,
De soucis, de travaux, de faim, de pauvreté,
Rien n'approche en rigueur la loy de Mariage.

II

Dure et sauvage loy nos plaisirs meurtrissant,
Qui, fertile, a produict un hydre renaissant
De mespris, de chagrin, de rancune et d'envie,
Du repos des humains l'inhumaine poison,
Des corps et des esprits la cruelle prison,
La source des malheurs, le fiel de nostre vie.

III

On dit que Jupiter ayant pour son peché
Sur le dos d'un rocher Promethee attaché,
Qui servoit de pasture à l'aigle insatiable,
Ne se contenta pas de tant de cruauté :
Mais voulut, pour monstrer qu'il estoit depité,
Rendre le genre humain de tout poinct miserable.

IIII

Il envoya la femme aux mortels icy bas,
Ayant dedans ses yeux mille amoureux appas,
Et portant en la main une bouëte feconde
Des semences du mal : les proces, le discord,
Le souci, la douleur, la vieillesse, et la mort :
Bref, pour douaire elle avoit tout le malheur du monde.

V

Venus dessus son front mille beautez sema,
Pithon d'autant d'atraits sa parole anima,
Vulcan forgea son cueur, Mars luy donna l'audace :
Bref, le ciel vigoureux si bien la deguisa,
Que l'homme espris de flame aussi tost l'espousa,
Plongeant en son malheur toute l'humaine race.

VI

De là le Mariage eut son commencement,
Tyran injurieux, plein de commandement,
Que la liberté fuit comme son adversaire,
Plaisant à l'abordee, à l'œil doux et riant :
Mais qui sous beau semblant, traistre, nous va liant
D'un lien, que la mort seulement peut defaire.

VII

Il tient dessous ses piés le repos abbatu,
De cordage et de fers son corps est revestu :
Le soing est à costé, le travail le regarde,
La peur, la jalousie, et le mal incogneu,
(Mal par opinion) qui rend l'homme cornu,
Puis vient le repentir chef de l'arriere-garde.

VIII

Le dueil, et les courroux apres le vont suyvant,
Amour fuit, le voyant, leger comme le vent,
Bien que le nom d'Amour masque sa tyrannie :
Car ce puissant vainqueur et des dieux et des Roys,
(Magistrat souverain) n'est point suget aux loix,
Et de toute sa court la contrainte est bannie.

IX

Helas ! grand Jupiter, si l'homme avoit erré
Tu le devois punir d'un mal plus moderé,
Et plustost l'assommer d'un esclat de tonnerre,
Que le faire languir durement enchaisné,
Hoste de mille ennuis, au dueil abandonné,
Travaillant son esprit d'une immortelle guerre.

X

On parle des enfers où les maux sont punis,
Un cruel magazin de tourmens infinis,
Du Chien tousjours beant, des sœurs pleines de rage,
Des douleurs de Titye et des autres espris :
Mais je ne puis penser que ce soit rien au pris,
Ne qu'il y ait enfer si grand que mariage.

XI

Languir toute sa vie en estroitte prison,
Porter mille travaux, nourrir en sa maison
Une femme bien laide et coucher aupres d'elle :
En avoir une belle et en estre jaloux,
Craindre tout, l'espier, se geisner de courroux,
Y a til quelque peine en enfer plus cruelle?

XII

Je tay tant de regrets, de soucis et d'ennuis,
Tant de jours ennuyeux, tant de fascheuses nuits,
Tant de raports semez, tant de plaintes ameres,
Qui les pense nombrer aura plustost compté
Les fleurettes de May, les moissons de l'Esté,
Et des plaines du ciel les flambeaux ordinaires.

XIII

Hé donc parmy ces maux que n'avons-nous des yeux,
Pour cognoistre en autruy la vengence des dieux,
Evitant sagement nostre perte assuree?
Mais au fort du peril nous nous allons ruer,
Nous forgeons (malheureux) le fer pour nous tuer,
Et beuvons la poison par nos mains preparee.

XIIII

Si d'un sommeil de fer nos yeux n'estoyent pressez,
La nopce seulement nous apprendroit assez
Quel heur et quel repos son lien nous appreste :
Le son des tabourins, les flambeaux allumez,
L'appareil, la rumeur, les bruits accoustumez,
N'est-ce un presage seur de prochaine tempeste?

XV

Escoutez ma parole, ô mortels esgarez,
Qui dans la servitude aveuglement courez,
Et voyez quelle femme aumoins vous devez prendre :
Si vous l'espousez riche, il se faut preparer
De servir, de souffrir, de n'oser murmurer,
Aveugle en tous ses faits et sourd pour ne l'entendre.

XVI

Dedaigneuse et superbe elle croit tout sçavoir,
Son mari n'est qu'un sot, trop heureux de l'avoir,
En ce qu'il entreprend elle est tousjours contraire,
Ses propos sont cuisans, hautains et rigoureux :
Le forçat miserable est beaucoup plus heureux
A la rame et aux fers d'un outrageux corsaire.

XVII

Si vous la prenez pauvre avec la pauvreté
Vous épousez aussi mainte incommodité :
La charge des enfans, la peine, et l'infortune,
Le mespris d'un chacun vous fait baisser les yeux,
Le soing rend vos espris chagrins et soucieux :
Avec la pauvreté toute chose importune.

XVIII

Si vous l'espousez belle, assurez vous aussi
De n'estre jamais franc de crainte et de souci :
L'œil de vostre voisin comme vous la regarde,
Un chacun la desire, et vouloir l'empescher
C'est égaller Sisyphe et monter son rocher.
Une beauté parfaite est de mauvaise garde.

XIX

Si vous la prenez laide, adieu toute amitié :
L'esprit tenant du corps est plein de mauvaistié.
Vous aurez la maison pour prison tenebreuse,
Le soleil desormais à vos yeux ne luira :
Bref, on peut bien penser s'elle vous desplaira,
Puis qu'une femme belle en trois jours est facheuse.

XX

Celuy n'avoit jamais les nopces esprouvé,
Qui dit qu'aucun secours contre amour n'est trouvé,
Depuis qu'en nos espris il a faict sa racine.
Car quand quelque beauté vient nos cueurs embrazer,
La voulons-nous hair ? Il la faut espouser :
Qui veut guarir d'amour c'en est la medecine.

XXI

Mille fois Jupiter d'Amour tout égaré,
Pour les yeux de sa sœur a plaint et souspiré :
Toutesfois il la hait dés qu'il l'a espousee,
Et luy deplaist si fort que pour s'en estranger
En beste et en oiseau ne feint de se changer,
Ne trouvant rien facheux pour la rendre abusee.

XXII

C'est un estrange cas, que le palais des dieux
Ne s'est peu garantir des debats furieux
Naissans du mariage, autheur de toutes plaintes :
Et que ce Jupiter, que tout l'univers craint,
Aguetté de Junon, cent fois s'est veu contraint
De couvrir sa grandeur sous mille estranges faintes.

XXIII

La nopce est un fardeau si facheux à porter,
Qu'elle fait à un dieu son empire quitter :
Elle luy rend le ciel un enfer de tristesse,
Et treuve en ses liens tant d'infelicité,
Qu'il aime mieux servir en terre une beauté
Que jouir dans le ciel d'une espouse deesse.

XXIIII

A l'exemple de luy qui doit estre suivy,
Tout homme qui se trouve en ses laqs asservy,
Doit par mille plaisirs alleger son martyre :
Aimer en tous endroits sans esclaver son cueur,
Et chasser loing de luy toute jalouse peur :
Plus un homme est jaloux plus sa femme on desire.

XXV

O supplice infernal en la terre transmis,
Pour geisner les humains, geisne mes ennemis,
Qu'ils soient chargez de fers, de tourmens et de flamme :
Mais fuy de ma maison, n'approche point de moy,
Je hay plus que la mort ta rigoureuse loy,
Aimant mieux espouser un tombeau qu'une femme.

STANCES DU MARIAGE

par antithese

à celles de Ph. Des P[ortes].

[par Joachim Blanchon.]

1583

I

De toutes les faveurs dont nous sommes poussés,
De tout ce que nos yeux doucement caressés,
Peuvent garder d'Aspect, de Grace, et d'avantage,
D'Amoureuses douceurs, de Riche utilité
De Joye, de Plaisir, et de Felicité,
Rien n'approche en vigueur la Ioy de Mariage.

II

Douce et benigne Loy nos ennuis banissant,
Qui fertille a produit tout honneur renaissant,
De Vertu, de Valleur, et de Gloire suivye.
Du repos des humains l'equitable Raison,
De deux en une chair la sainte liaison,
La source du bon heur, le Myel de nostre vye.

III

On dit que l'Eternel ayant tousjours tasché
De rendre l'homme heureux, a jadis recherché
Apres l'avoir fait seul son ymage admirable,
Pour le parfait patron d'une sainte amitié
De sa Coste animer l'Androgine moitié,
A tout le genre humain se monstrant favorable.

IIII

Il luy donna la Femme en Compagne ycy bas
Pour jouyr en commun de mille et mille esbas,
Apportant dans sa main une Palme feconde,
Des Semences du bien l'Amitié, et l'Accord,
La Grace, la Douceur, la liesse et l'accort,
Bref pour douaire elle avoit tout le bon heur du Monde.

V

Voyes que le bon Dieu si belle la forma,
Que l'homme espris de feu soudainement l'ayma,
Pour les rares beautes escriptes sur sa face,
Bref tout le Ciel amy de tant de dons usa,
Qu'aussi tost qu'il la vid aussi tost l'espousa,
Affin de conserver toute l'humaine Race.

VI

De la le Mariage heust son commencement,
Principe du bon heur de nostre advancement,
Abondant en tous biens où l'homme se peult plaire,
D'un beau nœud gordien deux cueurs entreliant,
Que la cruelle Mort seule va desliant,
Et nul aultre ne peult aucunement deffaire.

VII

Il tient soubz son pouvoir l'honneur et la vertu,
D'ung eternel soulas son corps est revestu,
La Paix est à costé, et l'Amour le regarde.
Le Nectar et le Miel luy est tousjours congneu,
Et ne doit avoir peur d'avoir le front cornu,
Car la femme d'honneur communement t'en garde.

VIII

Le Dueil, et le Courroux, ne le vont point suyvant.
Le plus loyal Amour va son bien poursuivant :
Ce sont deux Corps en un, une double Ame unie,
Que l'Ouvrier tout puissant a beny de sa voix.
Et noz Antecesseurs ont ployé soubz ses loix,
D'aultant que de sa Court la Discorde est bannie.

IX

Helas grand Jupiter, dans ton Temple azuré,
Est il rien de plus beau ou plus d'heur asseuré,
Que ce bien souverain ordonné en la Terre ?
De quoy pourroit jouyr l'homme plus fortuné,
Voire quand il tiendroit un Sceptre coronné,
Que de ce doux Repos banissant toute guerre ?

X

On parle du sejour où les cœurs sont unis,
Où l'on void à plaisir les plaisirs infinis,
Les Anges et les Saints, le Celeste avantage,
Le Tresor excellent et l'Honneur incompris,
Mais je ne puis penser que ce soit rien au pris,
Ny qu'il soit Paradis plus beau que Mariage.

XI

Lier tout desplaisir en obscure Prison,
Se voir si bien servy qu'un Roy en sa maison,
Jouyr d'une beauté, estre tousjours pres d'elle,
Gouster mille baisers, pleins de son succre doux,
Avoir de beaux Enfants legitimes à nous :
Y a il quelque joye en Paradis plus belle ?

XII

Je tais tant de faveurs qui chassent nos ennuis,
Tant de jours esgayés, tant de joieuses nuitz,
Tant d'esbatz, tant de ris, tant de jeux ordinaires,
Que les penser compter, j'aurois plustost getté
Le sablon de la Mer à ses bordz rejetté,
Ou les brilhantz esclairs des feux elementaires.

XIII

Hé donc parmy cest heur, quoy ? perdons nous les yeux,
Pour ne congnoistre au vray l'influence des Cieux,
Fault il que sa douceur ne soit point savourée,
Fault il sans la gouster soy mesme se tuer,
Sans jouir de son bien, et sans s'esvertuer
En ce Vallon mondain qui n'est point de durée.

XIIII

Si d'un sommeil de fer nos yeux estoient pressés
La Nopce desdaignant, les Astres courroucés
Dedans nostre Tumbeau darderoient leur tempeste.
Le jeu des Instrumentz, les Plaisirs renommés,
Les Festins preparés, les Flambeaux allumés,
N'est ce un presage seur de l'honneur qu'elle appreste ?

XV

Escoutés ma parolle, ô Jeunes esgarés,
Qui dans ce labirinth aveuglement errés
Eslongnhés du sentier lequel vous debvez prendre :
Espousant femme Riche il se fault asseurer
Que tel felicité ne se peult mesurer
Nomplus que l'Infini qui ne se peult comprendre.

XVI

Desireuse de biens elle vous fera voir
Un Tresor assemblé dessoubz vostre pouvoir,
Et en tous vos plaisirs elle se vouldra plaire.
Vous jouyrés de l'heur tant et tant desireux,
Et monterés au Ciel au renc des bien heureux,
Ayant pour vostre appas l'Ambroisie ordinaire.

XVII

Si vous la prenez Pauvre elle aura volonté
De servir, d'obeyr, comble d'humilité,
Et selon vostre sort courra mesme fortune.
Elle aura soing de vous d'un debvoir soucieux,
Ce que vous semblera luy sera gracieux
Et ne sera jamais fierement Importune.

XVIII

Si vous l'espouzés Belle, he quel bon heur aussy.
L'homme a le cœur de Fer, ou de Roc endurcy,
Qui ne tasche à ce bien et de pres n'y regarde.
C'est toute la faveur que l'on doibt rechercher,
C'est un Ange esgaller pres d'elle se coucher,
Et un riche Tresor que de l'avoir en garde.

XIX

Si vous la prenez Laide, une franche amitié
Ne regnera jamais dans son cœur à moitié.
Elle aura plus de zele, et de foy vigoureuse.
L'œil de vostre voysin ne vous l'envyera,
Une Jalouse peur ne vous ennuyera,
Bref la Femme par tout se monstre Genereuse.

XX

Celluy qui n'a jamais les Nopces esprouvé
Ne peult sçavoir au vray quel heur s'y est trouvé,
S'il ne sonde l'effet, la cause, et l'origine,
Et ne sçauroit juger quel gousta le baiser
Qui peult heureusement le mortel embrazer,
Embrassant cherement sa fidelle Androgine.

XXI

Mille fois Jupiter en l'amour a erré,
C'est un Dieu à plaisir des Payens asseuré.
On ne doibt des faux Dieux poursuyvre la Brizée.
A la Loy des Gentilz il ne fault se renger :
Un homme marié ne voudroit pas changer
A tout Tresor congneu sa Joye plus prisée.

XXII

C'est un cas asseuré qu'il n'est rien dans les Cieux,
Qui puisse estre plus beau, plus doux, et gracieux,
Ny qui soit plus prisé parmy les choses saintes,
Car le grand Dieu vivant dont le Jour n'est exteint,
De sa divine voix ordonna nom de saint
Au sacré Mariage où deux ames sont ceintes.

XXIII

La Nopce a ce bon heur qu'elle peult apporter
Tout ce que l'Homme peult librement souhaitter,
Elle luy rend son Jour Paradis de liesse,
Il se trouve en ses liens tant de benignité,
Que je ne puis penser qu'aultre divinité
Peult maintenir son cœur en si grande allegresse.

XXIIII

A l'exemple de Dieu qui doibt estre suyvy,
Reveré, honoré, adoré, et servy,
A telle saincteté il fault que l'homme aspire :
Aux Nopces de Chana il voulust faire honneur,
Et de vin en lieu d'eau y fust large donneur,
Voire ce nom d'Espoux il se voulust eslire.

XXV

O Celeste bon heur en la Terre transmis
O sainct Contrat d'Eden, oblige mes amis,
Dessoubz ce seau d'honneur plein d'amour, et de flamme
Mon Sang, ma Chair, mes Os, mon Soucy, mon Esmoy,
Ma Vye, et mon Appuy, fais ton approche à moy,
Le Paradis du monde est d'avoir une Femme.

LE CONTRE-MARIAGE

DE CELUY DE DESPORTES

PAR

PIERRE LE GAYGNARD

1585

I

De toutes les faveurs dont nous sommes flattez,
De tout ce que les Cieux, grandement affectez,
Peuvent nous avancer de mondain avantage,
D'amiable repos, de franche liberté,
De contentement, d'aize, et de comodité,
Rien n'aproche en douceur la Ioy de mariage.

II

Douce, et civille Loy noz plaizirs nourrissant,
Qui, fertille, a produit un tige renaissant :
D'honneurs, de traictement, et d'amitié servie,
Du repos des humains l'agreable sejour,
Des Corps, et des Esprits le fidelle secour,
La source des bons heurs, le Miel de nostre vie.

3

III

On dit que l'Eternel ayant desattachez
Les Elemens confus, au Chaos accrochez,
Et faict pour la raizon l'Homme sur son image,
Ne luy donna seul'ment cette benignité,
Mais voulut, pour monstrer sa grand foelicité,
Donner le genre humain d'un filial lignage.

IIII

Il luy crea la Femme, estant seulle ici-bas,
Pour sa seure compagne et unique soulas,
Portant dedans ses flancs une boiste foeconde :
Des semences de luy le plaizir paternel,
La consolation, le renom Eternel,
Brief pour douaire, avoit tout le bonheur du monde.

V

Diane sur son front mille beautez sema,
Le facond Apollon sa parolle anima,
De Minerve eut l'Esprit, des Charites la grace :
Brief le Ciel plantureux si bien la compoza,
Que l'Homme, espris de flamme, aussi tost l'espouza,
Comblant en son bonheur toute l'humaine race.

VI

De là le Mariage eut son commencement,
Chaste conjonction, et seul contentement,
Que l'humanité suit, comme son necessaire :
Plezant à son entrée, à l'esprit agreant,
Qui d'un amour parfaict, loyal, nous va liant,
D'un lien que la Mort seulement peut deffaire.

VII

Il relieve sur pied le repos abatu,
De lin, de drap, de soy, son corps est revestu,
L'aize est à son costé, le repos le regarde,
La constance, l'honneur, la Foy de fermeté,
(Foy d'un amour certain) qui sonne loyauté,
Puis vient contentement chef de l'arriere-garde.

VIII

La joy, et les sourris apres le vont suivant,
Amour ard, le voyant, comme le Feu fervant :
La non-feinte amitié hait toute vilenie,
Car Hymené vainqueur, et des Dieux, et des Rois,
Grand Nopcier souverain, veult qu'on suive ses loix,
Dont il a de sa court desloyauté banie.

IX

Hellas, grand Jupiter, que le monde est heuré,
De ce seul bien debvoit de toy estre honoré,
N'en pouvant un plus grand de ta grace requerre :
D'une langueur tu l'as doucement deschené,
Hoste de tout repos, au plaizir adonné,
D'une paix contantant son Esprit sur la Terre.

X

On dit qu'en l'Elizée un Aenean dezir,
Par la Sybille, vit le lieu de tout plaizir.
De beauté plantureux, fortuné de bocage,
Où estoient à souhait les bienheureux Espris,
Mais je ne puis penser que ce soit rien au pris,
Ne qu'il soit Paradis si grand que Mariage.

XI

Jouir tant qué l'on vit de tout bien à foizon,
Avoir mille deduicts, nourrir en sa maizon
Une Femme bien sage, et coucher aupres d'elle,
Une belle en avoir d'un cœur constant et doux,
Dont la chasteté faict dormir seur son espoux :
Y a t il chez Jupin une joye pareille ?

XII

Je tay tant de plaizirs, tant d'honneste devis,
Tant d'agreables jours, tant d'amoureuzes nuicts,
Tant de prudens conseils, tant de mots salutaires :
Qui les pense conter aura nombré plustoust
Les fueilles des Forests, les Espics meurs d'Aoust,
Et des rives des Eaux les sablons ordinaires.

XIII

Hé donc ! parmi ces heurs que n'avons nous des yeux
A reconnoistre en nous ce don receu des Cieux,
Pour nous entretenir cette grace asseurée !
Mais, craintifs, restivans en la plus grand faveur,
Nous doubtons, malheureux, de nostre aize futeur,
Et dejettons la manne à nous tous preparée.

XIIII

Si d'un sommeil de fer noz Yeux n'estoient pressez,
La nopce seulement nous apprendroict assez
Quel heur, et quel soulas son lien nous apreste.
Les accords muziquaux, les jois, les ris, les fleurs,
Les voizins, les amis, les parens, les bailleurs,
N'est-ce un prezage seur d'un bien sur nostre teste ?

XV

Escouté ma parolle, o mortels bien heurez,
Qui dedans le repos apertement courez,
Voyez ce que pourrez en une Femme prendre :
Si vous la prenez riche, asseuré vous d'honneurs,
De creance, d'Estats, d'Amitié, de Faveurs,
Tant qu'un mauvais sur vous n'ozera entreprendre.

XVI

Contente, vous prizant, elle vous contera
Quel est tout son moyen, puis elle vous prira
De vous en aquicter, et vous mettre hors d'affaire,
Avec propos discrets, et baizers savoureux :
Le plus grand favori n'est en rien si heureux
En credit, en grandeur, à la court Emperiere.

XVII

Si vous la prenez pauvre ! avec la pauvreté,
Vous Espouzés aussi mainte comodité,
Un cœur obeissant, fidelle sans rancune,
Et, prizée de tous, vous faict lever les yeux ;
Son grand mesnagement vous rend pecunieux :
Avec la pauvreté tousjours n'est l'infortune.

XVIII

Si vous l'espouzé belle ! asseurés vous aussi,
Pour le plaisir humain, n'avoir ailleurs souci,
Et qu'elle vous plaira si son œil vous reguarde,
Pouvant l'iré courroux, fust d'un cœur de rocher
D'un parler gracieux aussi tost desfacher :
Une beauté parfaicte un Sythe persuade.

XIX

Si laide la prenés ! l'Esprit, et l'amitié,
Plus que la belle aura passans de la moittié,
Sa grace en la maizon sera gente, et joyeuse :
Dont, comme un clair Soleil, à vos yeux agrera.
Brief on peut bien penser qu'ainsi ne desplaira,
Plus que la belle estant d'Esprit, et gratieuze.

XX

Celuy n'avoit jamais les Nopces esprouvé,
Qui dit qu'en Mariage aucun bien n'est trouvé,
Despuis qu'en cet estat la personne chemine,
Car quand quelque beauté vient nos cœurs embrazer,
En voulons nous jouïr ! il la fault Espouzer :
Qui veult guarir d'amour s'en est la medecine.

XXI

Autrefois Jupiter d'amour tout esguaré
Pour les yeux de Junon dont fut enamouré,
En honorant la Noce il le l'a Espouzée :
Elle luy plut si fort, que pour le soulager,
Il (un Dieu tout puissant) se la voulut renger,
Par ce tout seul moyen, tant la Nopce a prisée.

XXII

C'est un notable cas que le palais des dieux
S'est voulu guarentir de l'amour furieux
Par le seul Mariage, amortiment de plaintes :
Mesme que Jupiter, que tout l'univers craint,
Embrazé de son sang, la hault, il n'a point plaint
De combler sa grandeur en l'heur des Nopces sainctes.

XXIII

La Nopce est un morceau si friant à gouster,
Qu'ell'a faict à un dieu sa sœur propre appeter,
Elle luy rend le ciel paradis de liesse,
Il conneut y avoir tant de foelicité,
Qu'il a plus deziré sa prudente beauté,
Que jouir dans le ciel de plus belle Deesse.

XXIIII

A l'exemple de luy, qui doit estre suivi,
Tout Homme qui se treuve en amour asservi,
Doit par le Mariage alleger son martire,
Sans aimer ça, et la, et s'esclaver le cœur,
Dechassant loin de luy toute Nopciere peur :
Tant plus que l'Homme vit tant plus Femme dezire.

XXV

O plaizir nuptial en la terre transmis
Pour heurer les humains ! chascun de mes amis
Marie a une belle, honneste et riche Femme :
Mais garde, je te pri, mon Yzabeau pour moy,
Car pour vivre en ce monde en si tresjuste Loy,
J'ayme mieux un Tombeau, que n'espouzer ma Dame.

STANCES CHRESTIENNES

DES LOUANGES DU S. MARIAGE

nouvellement mises en lumiere

par

Yves ROUSPEAU Saintongeois

Opposées aux Stances de Mariage
de Philippes des Portes

1586

1

De toutes les faveurs, dont Dieu le Createur
De tous biens, et tresors riche dispensateur,
A voulu de sa grace orner l'humain lignage,
De tout plaisir rempli d'honneste volupté,
De tout aise, et repos joinct à felicité,
Rien n'approche en douceur la Loy de Mariage.

2

Douce et courtoise Loy, noz plaisirs nourrissant,
Qui, fertile, produis (comme un champ florissant),
Une belle moisson de ris, de courtoisie,
De baisers, de soulas, et d'enfans bien apris :
Tu es la liberté des corps, et des Espritz,
La source de bon heur, le miel de nostre vie.

3

On lit, que ce grand Dieu, qui de rien a tout faict
Aiant par sa parole accompli et parfaict
En six jours l'univers creé pour nostre usage,
Ne se contenta pas d'avoir l'homme exalté
Sur toute creature, et de mal exempté,
Mais voulut, liberal, l'enrichir d'avantage.

4

Il luy fit un present riche et plain de beauté,
D'une femme d'honneur prise de son costé,
A fin qu'en beaux enfens elle devint feconde :
Son esprit, et son corps, sa grace, et beau maintien,
Montroient qu'en elle estoit le comble de tout bien,
Et qu'elle avoit pour dot tout le bon-heur du monde.

5

Sur son front de cristal l'Amour sainct se miroit.
L'eloquence au parler sa faconde admiroit.
La foy guidoit son cœur, la charité sa grace.
Bref, la faveur de Dieu tant la favorisa,
Qu'Adam la regardant aussi tost l'espousa,
Pour plonger en bon-heur toute l'humaine race.

6

De là le Mariage a pris commancement,
Pere tresgracieux, qui traicte doucement
Ses fils assubjectis à son joug debonnaire :
Plaisante est l'origine, et le progres aussi
De sa vray liberté, de sa grace, et mercy
Si ferme, que la mort seule la peut deffaire.

7

Il tient dessoubs ses pieds le discord abbatu
Le desir de la chair, monstre horrible, et testu,
Est par luy surmonté le soin, la peur, la crainte,
Le travail est par luy rendu moindre, et plus doux,
La ferme loyauté l'exempt d'estre jaloux,
Et d'un tard repentir chasse au loing la complainte.

8

La joye, et le soulas de pres le vont suyvant,
Le dueil, et le courroux fuyent contre le vent,
Et n'osent approcher de sa douce harmonie :
Les Monarques puissans, les Empereurs, et Rois,
(Tant grand est son pouvoir) sont subjets à ses loix,
Et de toute sa court la tristesse est bannie.

9

O Pere Createur de la terre, et des Cieux,
Te pouvois tu monstrer plus doux, et gracieux
Envers le genre humain, qu'en faisant l'ordonnance
Du Mariage heureux, à fin de bien heurer
Les honnestes Amans, qui veulent demeurer
Fermes associez à ta saincte Alliance ?

10

On parle des Estats qui sont de Dieu benis,
Accompagnés de joye, et de biens infinis,
On parle des plaisirs destinez pour l'usage
Des grands Princes et Rois au monde dediés,
Mais ce n'est rien au pris de l'heur des mariés,
Veu qu'il n'y a plaisir si grand que Mariage.

11

Estre deux en un corps, estre une mesme chair,
Avoir tous biens communs sans rien se reprocher,
S'entr'aimer ardamment d'un mesme cœur et zele :
Avoir un mesme vueil, et pensee, et desir,
En la conjonction prendre un mesme plaisir,
Y a il quelque joye en ce monde pareille ?

12

Je tay tant de propos desrobans les ennuiz,
Tant de joyeux Soleils, tant de joyeuses nuictz,
Tant d'amis, tant d'affins aquis par aliance :
Qui les pense à loisir, et par ordre nommer,
Aura plustost conté le sablon de la mer,
Ou les glaçons d'hyver, ou d'esté la chevance.

13

Donc parmi tant de biens que n'avons nous des yeux
Pour voir la grand bonté et clemence des cieux,
Qui s'est en Mariage à nous manifestée ?
Mais, las, en paillardant, nous nous allons ruer
Au fort de tout peril pour nous perdre, et tuer ;
Nous bevons la poison par noz mains apprestee.

14

Si au devant des yeux nous n'avions un bandeau,
Nous verrions quel malheur nous apporte un bourdeau,
Quel dam, quel deshonneur borde la convoitise
De sers de Cupidon : ce feu dont ils sont ards,
N'est-ce un presage seur du feu dont les paillars
Brusleront en enfer sentens sa flamme esprise ?

15

Entendés ma parole, ô Amans fourvoiés,
Et pour vivre en ce monde heureusement, voiés
Quelle femme il vous faut en mariage eslire :
Si vous l'eslisez riche et de bonne maison,
Bien nourrie et vestue en tout temps et saison,
Vous aurez tant plus d'heur esloignés de martyre.

16

Tous vos sens seront d'aise, et de joye ravis,
En parlant avec elle, et parmi les devis
Contant tout à loisir ses escus sur la table :
D'autre part, vous voyant muni de ses parens,
Et lignée, en honneur, et credit apparens,
O combien vous sera ce support delectable.

17

Si vous la prenez pauvre, ayant pour seul object
De l'amour chaste et sainct de vertu le subject,
De son ame pour dot vous aurez la sagesse,
Qu'on doit plus que les biens de ce monde priser,
La femme qui craint Dieu n'est pas à mespriser
Encore qu'elle soit pauvre, et vuide de richesse.

18

Si vous l'espousez belle, et vertueuse aussi,
Vous aurez tant plus d'aise, et tant moins de souci,
La beauté rend l'amour contente et perdurable,
Quand pour compagne elle a la ferme loyauté :
La femme vertueuse excellente en beauté
Est sur toutes la plus prisée, et desirable.

19

Si vous la prenez laide ayant de belles mœurs,
L'esprit recompensant de son corps les humeurs
Vous ravira tant plus : sans nulle hypocrisie
Elle vous aymera chaste d'ame et de corps :
Et vous de son amour tresfidele recors,
Ne serez onc espris du mal de jalousie.

20

Celuy qui n'a jamais Mariage esprouvé
Ou qui est adultere, ou paillard reprouvé,
Blasme à tort des humains la racine honnorable
Comme si pour hair il falloit espouser
Une femme, l'Amant lequel peut embrasser
Ce qu'il aime plus fort le trouve estre amiable.

21

Mille fois est celuy fol, et mal adverty,
Et fut-ce un Jupiter, qui espouse un party
Pour le hair apres : l'Amour bien espousee
Est durable à tousjours, elle ne peut changer
Par aucun accident, infortune ou danger,
Et si ne rend jamais sa partie abusee.

22

C'est un estrange cas, que le grand Roy des cieux
Qui d'enhaut est venu espandre en ces bas lieux
La paix entre son Pere et tout l'humain lignage,
Ait voulu se vestant de nostre humanité,
Apparoistre en ce monde en toute humilité,
Soubz le voile, et couleur du noble Mariage.

23

La nopce est un lien si doux, et si plaisant,
Que l'homme pour s'adjoindre à sa femme consent,
Suivant le vueil de Dieu, de laisser pere et mere,
Et trouve en ce lien, quand il en peut jouir,
Tant d'aise et de repos, tant dequoy s'esjouir,
Qu'il ne peut espuiser son aise, et bonne chere.

24

A l'exemple des Sainctz trespassez, qui jadis
Ensuivant du Grand Dieu l'ordonnance, et les dictz,
Se sont heureusement mariez et sans blasme,
Chascun de nous eslise un parti vertueux :
L'homme est cent et cent fois en terre bien heureux
Qui en se mariant trouve une honneste femme.

25

O Dieu, du Paradis de Mariage autheur,
Qui de la bonne femme es le seul donateur,
Dispensant ta justice en ceste basse terre,
Aux hommes vertueux donne-la en pur don,
Mais donne la mauvaise aux mauvais pour guerdon
Et sur tout adultere eslance ton tonnerre.

Au témoignage de M. Ferdinand Brunot [1], Joachim « Blanchon répondit [2] aux stances [de Desportes] sur le mariage comme Nicole Estienne, Vauquelin, La Roque, etc. ». Je n'ai pas su retrouver la réponse de ce dernier dans ses *OEvvres* (Paris, 1609), non plus que celle de Vauquelin dans l'édition donnée par M. Travers ; mais parmi les « etc. » on peut ranger la « Loüange du mariage contre Desportes » pièce de 174 vers dédiée à Henriette de Clèves, duchesse de Nivernois et qui se lit dans *Les premieres Oevvres poetiques* de Martin Spifame (Paris, 1583), et surtout les « Stances chrestiennes des Louanges du S. Mariage, nouvellement mises en lumiere par Y[ves] R[ouspeau] S[aintongeois] Opposées aux Stances du Mariage de Philippes des Portes ». Brunet en indique plusieurs éditions dont l'une même reproduit les strophes de Desportes. Le texte donné ici est celui qu'on lit à la suite des *Quatrains spirituels* du même auteur (Paris, 1586). La pièce de Nicole Estienne, en 35 strophes de six vers, a été reproduite au tome III des *Variétés historiques et littéraires* publiées par M. Ed. Fournier en 1855 : malgré l'opinion de l'éditeur, partagée de nos jours par M. Toldo [3], il est difficile d'y reconnaître une réfutation de Desportes. Mais on ne paraît pas avoir signalé jusqu'ici « Le Contre-mariage de celuy de Desportes, Stances pour Stances » qui occupe les pages 37 à 43 du supplément poétique ajouté par Pierre Le Gaygnard, Seigneur

1. *La doctrine de Malberbe* (1891), p. 22.
2. *Premieres Oevvres poetiques* (1583), p. 245.
3. *Zeitschrift für romanische Philologie*, XXV (1901), p. [215].

de la Chaume et de la Vergne sur Seure à son *Promptuaire d'unisons*, dictionnaire de rimes imprimé à Limoges par Hugues Barbou et publié à Poictiers pour Nicolas Courtoys en 1585.

Desportes, dont les Stances se lisent dès l'édition princeps de 1573 et sont reproduites dans toutes les suivantes, ne rencontra guère que deux approbateurs : Jean de la Jessée dont les *Premieres Oevvres françoyses* (Anvers, 1583) renferment un sonnet contre le Mariage :

> *L'Homme est bien malheureus qui s'empeche le dos*
> *Du faix, et de l'esmoy, du facheus Mariage !*
> *Dans une mer de maus il va faire naufrage,*
> *Et certe en peu de chair il trouve beaucoup d'os!*
>
> *L'Ocean mutiné regorge moins de flos,*
> *Au souflement des ventz, messagers de l'orage :*
> *Que son cœur agité de soingz, d'ire, et de rage,*
> *Luy fera soupirer de plaintes, et sanglos.*
>
> *Soit belle ou layde, riche ou povvre sa compaigne,*
> *Infertile ou feconde, en vain il s'acompaigne :*
> *Car seul il participe à mille et mille ennuis.*
>
> *Se plonge qui voudra dans cest abyme infame !*
> *Quant à moy tout petit, et libre que je suis,*
> *J'ayme mieus espouser une mort, qu'une feme.*

et Claude de Trellon dont la *Muse guerriere* (Paris, 1589) contient 11 « Stances du Mariage » :

> V. 30. *Il n'y a tel bon-heur que d'estre à marier.*

www.ingramcontent.com/pod-product-compliance
Ingram Content Group UK Ltd.
Pitfield, Milton Keynes, MK11 3LW, UK
UKHW022220070726
13613UKWH00004B/1784